致屈原

新詩集

許之遠著

文史哲詩叢㉞
文史哲出版社印行

國家圖書館出版品預行編目資料

致屈原：新詩集 / 許之遠著. -- 初版. -- 臺北市
：文史哲,民 88
面 ； 公分. -- (文史哲詩叢 ; 34)
ISBN 957-549-199-8 (平裝)

851.486　　88004455

文史哲詩叢 ㉞

致屈原 新詩集

著者：許之遠
出版者：文史哲出版社
登記證字號：行政院新聞局版臺業字五三三七號
發行人：彭正雄
發行所：文史哲出版社
印刷者：文史哲出版社
臺北市羅斯福路一段七十二巷四號
郵政劃撥帳號：一六一八〇一七五
電話 886-2-23511028 · 傳眞 886-2-23965656

實價新臺幣一八〇元

中華民國八十八年五月初版

ISBN 957-549-199-8

致屈原目錄

友儕男兒一許翁

——「致屈原」詩集序

梁子衡

「詩界千年靡靡風，兵魂銷盡國魂空。
集中什九從軍樂，亘古男兒一放翁。」

——梁啟超詩

許之遠兄與筆者為忘年交，數十年往還和文字因緣，蒙其關顧愛護，孤島暮年，極感溫暖！他近將其新詩輯印成集，請我為之序，遂得先讀原稿，激賞之餘，想起梁啟超先生讀陸放翁詩集後，曾作詩四首，他稱讚放翁為「亘古男兒一放翁」，我乃套用此語以「友儕男兒一許翁」為題，惟序中屬山居野語。既乏文采，而學恐未深，只求一抒讀此詩集後之感想而已。

許兄在友儕中一向視為擁有「三才」：第一「人才」，他有濟世和報國的抱負與才能；第二「文才」，他詩詞並美；大塊文章的洋洋巨著或精悍的小方塊，同樣出色當行。其飲譽海內外文壇，早有定論；至於有貝之才已屬餘事了。我獨佩之，羨之，愛之的是他那副天生的「文才」和「書卷氣」。他長於舊詩詞，今又寫作新詩。這本集中的作品，具有剛柔並美之情，悲天憫人之意。他寫屈原、諸葛武侯、李白、蘇軾、岳飛、觀音，都能以詩的言語，提煉出人物精魂所在，而歷史脈絡宛然，點出人物一生重要歷程和定論，極盡詩人一詠三嘆之能事。現代詩能有這種成就，不讓古典詩專美於前，是現代詩前所少見者；也是他以歷史人物來抒情感事的真意所在；他寫花中四君子、楓葉、石榴樹，無不盡花木之情性；其實也是寫作者的胸臆，是清高飄逸的追求。

之遠兄旅居加拿大，為僑社服務、犧牲奉獻；後一度當選僑選立法委員，參加國內政治；隨又為政府重用，主持對香港僑務工作。但此均非其初志，而其初志則在文學，文學之中又於詩詞著力最多。許兄的舊詩極佳，擔任過教育部全國文藝創作獎古典詩組評審委員。閒來兼寫新詩，尤使人耳目一新，作品散見「秋水」、「葡萄園」、「中國詩刊」等。我對詩詞沒有精到的研究，但一向有一成見，我們要寫好新詩，應先學習舊詩，因為舊詩韻律鏗鏘，經歷朝演變，可謂千錘百煉，讀之如行雲流水，節奏自然。新詩雖無押韻規則，但亦必須天籟自然，口語音諧，才不失詩的特質和節奏。之遠兄的作品，可以說無刻意押韻而韻，不歌而成歌，不唱而實唱，詩的精神和面貌自見，寫詩至此，才覺無憾。我嘗想過：如選其精短者譜曲，自必增光歌壇。

記得多年前，我為台灣日報副刊按期寫一新詩而被一新詩人聯誼團體所悉，付來一調查表囑填寫付回，以便聯絡。我乃在表上寫上：「詩齡半年，年逾七十」。我把表付回後便無下文，可知想當一詩人實不易。

我讀之遠兄詩集後，忽憶起已故詩人易君左先生說過：飲酒最沒出息的是不醉，最出息的是微醉；最不中用是大醉。因為飲酒而不醉，是只有自己而沒有酒；辜負了酒。飲酒微醉，既有自己也有酒。飲酒大醉，則是沒有自己也沒有酒。我知道之遠兄平生亦商、亦政、亦學、亦文、亦書畫，而不單專治文章詩詞，可謂能者無所不能。但他有一極大的長處，他無論從商、從政、從學，均能做到「微醉」為止，所以他有「商」也有「自己」，有「官」也有「自己」，有「文」有「詞」有「畫」都有「自己」。能自立崖岸，永遠保持一個獨立的自我。

「你是湘楚遷播的遺愛，

　我是南朝無土的後代。」

之遠兄在「致屈原」詩中有此兩語，自喻為「南朝無土的後代」。宋遺民詩畫家趙孟堅，入元以後寫蘭無土而露根，人怪而問。趙答：故土安在！之遠兄以南朝遺民自況，為歷代志士、才人的遭遇而吟詠，寫下如此動人的詩篇。他近年在端午節都有「致屈原」詩，不難想像其孤忠情懷，在這個是非不分、士大夫無恥的時代，可謂別有懷抱，彌足珍貴。其為人為學，都能有聲有色，即使無故土，做個浮海的僑民，笑傲江湖，元氣勃勃，亦應覺得驕傲了。

民國八十六年七月寫於台北小城

《致屈原》詩集讀後

無名氏

許之遠先生夙有「三才」美譽。他任立委，在國會仗義執言，精忠謀國，從不顧私利，其政才令人欽佩，我也早耳大名。其商才我不悉。但最近拜讀了他的一些古典詩，楹聯，特別是他的許多新詩，我這才瞭然他的文才。他出身書香門第，家學淵源，熟諳古典詩書經籍，具深厚的國學基礎，不但寫得一手高水平的舊詩，即新詩也有他獨到的特色。別的暫不論，單就他那篇「中國現代詩論芻議（代序）」言，他說：「中國古典詩曾經光華奪目，是中華文化最精彩的部份，應該是現代詩前途發展最好的養料或資源。」近年臺灣名詩人瘂弦（其詩集《深淵》已選入「臺灣文學經典」）談到他的詩觀，就直言他的詩藝創作核心觀念已從西方回歸東方—回歸中國傳統，認為傳統詩藝術尚有不少待開採的珍貴鑛產，這就等於呼應了之遠先生的詩創作的理論。之遠先生的上述見解雖然看似尋常語，其實卻是尋常中的不尋常語。

值得注意的，是他筆下的一些史詩。每年端午節，他都寫一首「致屈原」，一共寫了四首。詩集的名稱即為「致屈原」，足見他對這位偉大的愛國詩人的景仰。他又附古典詩二首，其「壬戌詩人節感賦」、有「汨羅浪淹孤忠淚，楚地空留杜宇啼。」其「端午節懷屈大夫」、有「眾夢大沉期大醒，滿腔孤憤等孤鳴。」不僅道盡了這位大詩人的不凡品德，也深顯了之遠先生本人的高尚志節，和他的舊詩功力。

他詠諸葛武侯，李白，蘇東坡，岳飛，雖讚古代偉人，也是詠史，必需有傳統史學詩學修養才能寫得妥貼，親切，紮實。無形中，這些詩也透露他自己的抱負。從這些詩和其他篇章可以看出：他其實是一個滿腔熱血，襟懷豁達的愛國志士。惜一生壯志未酬，聊寄深情於詩文耳。

民八十四年十月，我接加拿大多倫多大學東亞系主任范維凱（Victor C. Falkenheim）教授函，請我赴該校演講。十一月七日下午，我在該校演講，由范教授主持。後來當地華文媒體報導，說「演講精采」，而聽眾反應是「轟動」性的，但我也得感謝當地僑領之遠先生，他對我的照顧、招待，慇勤之至，助我在當地順利完成一些任務。此次他來台，發現此間突出「本土化」後，我的晚境頗不順，竟來信說：「我為我公一哭。」其至情至性可見。我不得不在此文末對他表示深深謝意。

中國現代詩論芻議（代序）

我國自新文化運動發生以後，白話文和新詩應運而生，這是很自然的發展。以文體言，沒有晉的駢體文興起，就難界定漢以前文體是古文，而後有唐宋復古之興。元是曲的時代，文人已有用平話入曲。明清小說，語體文方言漸興，五四運動後，祇是加速語體文的推行，甚至有人提倡「我手寫我口」的所謂白話。詩體的演變亦多，唐宋以後的近體詩，格律和聲韻規模大定，遠較前朝嚴謹。民國以後，學者每以古典詩（含近體詩）束縛性靈，在普及教育的理想下，自然又成為打倒對象；由於有別於舊，稱為新詩。新詩發展到現在，也經歷了七、八十年了，現代詩人的作品和當年的啟蒙新詩，經歷過許多摸索和鍛鍊，當有成熟與生澀之別，也有不同的形式和內涵的表現。

從新詩到現代詩，經歷許多爭議，對一個好讀詩而又寫詩的人來說，可說是個過渡時期參與摸索的人，對現代詩的未來前途，應該有發言的權利：

我完成不同意「我手寫我口」這種論斷，以這種心態來寫文章都不好的，何況詩。「下里巴人語」是粗糙的，而文者紋也，是斑爛可觀的；文者亦飾也，是加工文飾過的才會精緻。因此白話不好，白話文才好。文章尚且如此，何況比文更精緻的詩！文藝也好，文化也好，我們不希罕粗糙的文藝、文化，我們需要是精緻的。中華文化本來就是精緻的，如果演變成為粗糙的文化，我們不是敗家子而何！如果說：我們要普及新詩，因此要人人能讀、能懂。這是個普及教育的問題，不是將新詩降低水準來遷就。如果倒果為因，恐怕人人會讀新詩的時代，中國人就再沒有一個真正詩人或一首好詩了！

有一些詩人，認為詩可以有不同的表達，「橫看成嶺側成峰」，讓讀者自己找角度，去理解。因此詩人沒有責任要一定表達甚麼，模糊一點尚且有朦朧之美。這些論點驟聽有理，細析則大謬。譬如我們「霧裡看花」，確有朦朧之美，由於目力所及，這幅朦朧美的圖畫立即看到、感覺到；但文字要透過思維才產生形象，不像朦朧景物，其本身就是形象。如果形象或意象不明，讀者變成瞎子，看不到花，遑論霧裡；而侈言產生朦朧之美，此人不是人云亦云，必是精神錯亂的病患，才能在胡思亂想中看到。「橫看成嶺側成峰」固然，但不是「嶺」就是「峰」，有一定的範圍，相去不遠。決不會是烏鴉或南瓜吧！王國維評詞，優劣尚在「隔與不隔」，我們不必要求新詩或現代詩的作品一定做到「不隔」，起碼能清楚表達意象。如果讓讀者去猜，何必寫詩？打翻鉛字架，隨便拾幾個字；或隨便寫幾個字，教人去猜便可，這樣而成為詩人，詩人未免太廉價了。則過去的詩人，「一詩千改始放心」、「一吟雙淚垂」的辛苦推敲是活該的白癡了。

我曾讀到一些朦朧詩人，以李商隱的詩為例，說明晦隱之美，頗為自得。李商隱有難言之情，每用典故喻人喻事，然這也不是李的發明；香草美人，原就是詩家的借喻、隱喻，言在意外的，才須讀者自己領會，並不是詩句本身意象不明。他們常舉李商隱的「錦瑟」和一些「無題詩」。如「錦瑟」：「錦瑟無端五十絃，一絃一柱思華年。莊生曉夢迷蝴蝶，望帝春心託杜鵑。滄海月明珠有淚。藍田日暖玉生煙。此情可待成追憶，只是當時已惘然。」試看那一句意象不明呢？有人說：甚麼是「無端」？不是朦朧嗎？

其實，不管「無端」或「有意」，都無法掩飾錦瑟五十絃的意象，不但意象清楚，連形象都如此鮮活，何來朦朧，「無端」是感喟飾詞，詩人用渲染手法帶動讀者的感情共鳴，無傷句中鮮活的形象，「莊生」與「望帝」兩句亦時被質疑。這是兩個極富哲理的典故。莊周蝴蝶夢應是讀者耳熟能詳，京劇「大劈棺」就是莊子的故事。望帝為古蜀主，傳說死後化杜鵑。民間以杜鵑為多情鳥，傷春啼血而死。原句並無不解之處，如不解，是質疑者的水準太差，與原句無關。要知道「言在意外」和不知所云，實在是有天壤之間的差距。不知所云才是令人摸不著頭腦的飾詞——朦朧美。李詩原句意象清楚得很，祇是用隱喻的方法，達成言外別有所指的境界，是言在意外的高水準好句。又如他們所質疑的「無題」詩：「昨夜星辰昨夜風，畫樓西畔桂堂東。身無彩鳳雙飛翼，心有靈犀一點通。隔壁送鉤春酒暖，分曹射覆蠟燈紅。嗟余聽鼓應官去，走馬蘭台類轉蓬。」不知那一句不明瞭？他連相會地點、贈物、環境都寫得清清楚楚。如果問：甚麼是「心有靈犀一點通」？恐怕連時下毛頭小子、小妹都掩口失笑。如連這種言在意外的話都不能領會，還談甚麼詩人？可知意象不明的詩句，不能以朦朧美來做掩飾其詞不達意的缺陷，更不能把其缺陷以言在意外相提並論。現代詩不是要人人明白嗎？反對古典詩的深奧嗎？而古典詩以「不隔為好」，現代詩反以自造藩籬為佳，豈能自圓其說？

也有一些詩人鼓吹「散文詩」，顧名思義，就是以散文的形式入詩，鼓吹者也不諱言詩的形式可以像散文，唯一不同的是：把每句獨立排列。著名詩人艾青是此中之一。本集特刊出我過去發表過對他詩作、詩論評析的專文，在此就不多論了。讀者如有興趣可細參之。總的來說，散文和詩有其不同的特性，如果將散文獨立而成「散文詩」，則能寫散文的人，必定是詩人了。我們都知道，能文者多見，而詩人不世出，如能文者必為詩人，則詩人亦未免太廉價了。

「詩人者，不失其赤子之心也。」由於抱赤子之心；也必然有悲天憫人之情，才能寫出動人心弦的詩句。因此，詩人不必抱著甚麼目的來寫詩，便可以達到「詩教」，對社會、人心潛移默化，達到淨化人心的目的。這也是寫文章與寫詩的分別所在。「文以載道」的功能，要作者賦與，詩作不必載道，而道已在其中。有一些假詩人，利用詩渲染激情，達到利用的目的，違背了詩人赤子之心，稱之為假詩人，實在並非有意誣謗的。利用詩來達成政治目的，尤為詩人和詩的大厄。詩是性靈的產品，對人心起滋潤作用，把詩當政治工具，是對詩莫的侮辱，真正的詩人是不屑為的。

古今中外，詩有其共同的特性，其最不同於文的特性是詩講求押韻。自古以來，不論那個民族，都是先有詩歌而後有文，天籟其韻才易於傳誦。西洋古詩如但丁神曲、荷馬史詩，都講究韻。我國詩經也有韻。漢詩在發展過程中，聲韻趨嚴謹。唐開科取士後。除了聲韻還講究格律，詩作在統一規定下分高低；雖有束縛性靈之譏，但經歷朝的演變，格律與韻的完美，與我國文字的一字一音的特強活力和音樂性，配合得天衣無縫，好詩真能做到一詠一嘆，遠非西洋詩可及。這決不是我的偏見；多倫多大學有兩位教授，精通西洋詩和漢詩：答臣教授和史朧教授，都是我的業師。前者曾在戰時做過英相邱吉爾的政治顧問，是「多大」東亞研究所的創辦者之一，我曾協助他繙譯中國名詩二十九首，惜未及刊印便逝世，曾來台灣出席過第一次國際漢學會議。我曾分問過兩位老師：總的來說，漢詩和西洋詩孰優？他們不約而同說漢詩較優。

古典詩體中，近體詩押韻最嚴，才情不逮者，時為韻所苦，韻對這些人的確是一種障礙，為了遷就韻，往往言不及義，以致空洞無物、無病呻吟、陳陳相印等弊病都產生了。詩到宋，已成強弩之末，詞繼起，韻的範圍放寬了。這是一種趨勢；現代詩可以更寬，不必句句押，也不必每段押，如能自然成韻，則成天籟之韻，有聲有色，何等鏗鏘，有何不好？為甚麼一定要取消中文富於音色的長處呢？詩沒有韻，總是有點缺陷，就是少了一點詩的特色。詩是才情者的產品；才情之士，不會為韻所困，而困於韻者，不足為詩人。

詩的形式和散文有別，詩是每句獨立的，自然有獨立的能力，有人打個譬喻：散文像流水，詩句像噴泉。正好說明兩者不同的性質和形色。有一位詩友曾告訴我，他要寫一部民族詩史。我聽了很興奮，如果能成功，真是了不起的千秋盛事。以中華民族的源遠流長，波瀾壯闊，必較荷馬史詩更壯觀。過了一段時日我們又見面，他把一些原稿向我說明：我的史詩就像資治通鑑，歷朝大小事件，鉅細無遺。我聽了以後，像澆了一盆冷水，過去的興奮變成徹底的失望。詩人最大的長處是馭繁成簡約，言近而旨遠。如果中華詩史鉅細無遺像二十四史，以細瑣紀事為得法，人們何不直接讀歷史紀實呢？對詩的要旨尚未了解，其詩史的成就似就不必高估了。這正好說明詩和散文是有別的。

不論古典詩或現代詩，只要是中國詩，必有其共通點，因為其原素同是中文（有人稱為漢字。）同一種文字就是根源相同，除非中文以後拉丁化，否則根源還是相同的。現代詩無論怎樣接受西方影響，有的說是「橫的移植」，這等於是「接枝」，還是離不開根源。有的要全盤接受西化，把西洋詩的種籽或樹苗，植在中國的泥土上，不必「接枝」，免受老幹的影響。可是，還是中國的泥土和氣候。正如晏子所說：「生於淮南則為橘，生於淮北則為枳，葉徒相似，其味實不同，所以然者何，水土異也。」同理，中國現代詩人其全盤西化者，無異要把西洋詩的種籽撒在中國的坭土上，長出的形狀可能西化了，但味道還是很中國。為甚麼呢？與中國的水土有關吧！

詩的發展過程中，有過全盤西化的提倡，結果失敗了。世界詩人大會會長鍾鼎文先生已大聲疾呼：中國現代詩要認祖歸宗了！這的確是時代詩人反省的結果。中國古典詩曾經光華奪目，是中華文化最精彩的部分，應該是現代詩前途發展最好的養料或資源。如果中國現代詩人還有智慧的話，怎可棄而不顧呢！更何忍以仇視的態度對待！

詩有詩的言語和節奏，中國詩由於一字一音，因此特別講究。詩的言語絕不是下里巴人的粗語、野語，應是精煉的精緻語、雋語、奇語，主要表達詩人要表達的形象、意象，在「推敲」中精煉出來。我們不必把詩句提到杜工部：「語不驚人死不休」那樣水準，起碼也要意象明朗，不用陳腐語。

古典詩在不同的詩體中有不同的節奏，四言、五言、六言到七言節奏隨字數變化，很富音樂性。現代詩大量用上助語詞、形容詞等詞彙，可以組合來形成節奏、保持中國詩富於音樂的特性，是很切適的。

一般人以寫新詩易，寫古典詩難。我不以為然，除非平仄不分，音韻不辨，格律不解者又當別論；因為這些都是寫古典詩的基本條件，缺一不可，有了基本條件寫得工穩不難，惟超邁前賢不易。現代詩不同，它沒有古典詩一定的格律，全憑作者自作主張；自定門檻；自定易過者自過，不易過者難過。對詩認識越多的人，門檻定得也較嚴密。現代詩還沒有發展到共識、方向、形式等的確定；對詩作抱嚴謹態度的人，過自己定下的門檻就難。讀了數十年新詩和現代詩，只寫了這幾十首。略為統計，我寫古典詩詞近千首，與現代詩相去太遠了，自覺慚愧，亦覺得來不易，棄之可惜；輯成此集，就教於好詩的詩人、長者和朋友。

中國現代詩沒有一定的韻、格律和形式，難引起像古典詩人的唱和。因此，現代詩多是自發性的作品，全憑詩人的意願創作，少有應酬性的唱和，也是我寫現代詩作品不多的另一原因。我們這一代，應是接受傳統國學最後的一班列車的人。我上小學的時代，遜清秀才、遺老已經不多了。我在小學三年級開始背古文，到小學畢業的時候，能背古文近百篇，對我的影響很大，如果譏笑我是個舊式讀書人，我也怡然，不以為忤。我寫現代詩，不難看出我嚮往的歷朝的仁人志士，特別是此中人物的詩人，這種情懷，也許令人費解。像屈原，這一位偉大的愛國詩人，他們不幸的遭遇和不朽的作品，都教人嘆息和景慕。在古典詩作裡，我們找到許多籍端午節懷念屈原的佳作。然而近代的詩人節，寫現代詩的詩人有幾個寫過屈原？我並不反對現代詩的詩人寫繆思、拜倫；我只想問：究竟我們的詩人，對他們的作品，到底能了解至甚麼程度？而我們的詩人，既然可以運用精緻的文字寫詩，自然了解屈原、李白，為甚麼少有寫屈原、李白的作品？厚彼而薄此；偏見地放棄豐富的中國養料來培植中國詩的花朵，是否這樣才能表示中國現代詩之所以現代？我並不反對同時汲取西洋詩之長，但反對自我放逐。現代詩如果排斥中國的泥土和養份，中國現代詩的味道和形狀還能中國麼？還能談傳承嗎？詩體隨時代不同而變，是自然的演變；有沒有必要割斷民族的血脈，或抽離民族的母體，用有異於民族底孕育，所生長出來的，恐亦無復民族底精神與面貌。

我寫民族熟悉的人物、花木、蟲魚；說我抱殘守闕固無不可；說我為中國現代詩缺失的部分，作補缺救偏更覺欣然。其他詩篇，雖然不多，但題材各異，頗費心力，不一定都能使讀者滿意，但我的寫作態度是嚴謹的，可以向讀者保證；並作為向中國現代詩的發展行列報名參加。

我有許多詩壇師友，不敢請他們代為吹噓，恐有掠美之嫌。我確信：時間是一切的藝文優劣的最後裁判者。我向時間交卷。

這一本小集，卻是我努力於藝文數十年中化心力最多的作品，請文史哲出版社印行；該社一向對出版有嚴謹的態度。我會向詩友和學術機構寄送，讓它淹沒有詩的洪流裡，再讓時間去鑑定，浮起與沉淪，也讓時間決定。

梁公子衡先生長期以來對我真摯的關懷和提攜；為此，我以在詩作努力的一點成績向他交代。由於他的過愛，因此序中的溢美之詞，請讀者打個三折，以梁公之達，當哈哈大笑。然長者的風範和恩義，我是銘刻於心的。

致屈原

一九九五·端午於澳門

我未到汨羅，
但年年此日，
哀郢問天，
招魂離騷，
一樣心如沉石，
滿目煙波。

你散髮江湖，
行吟澤畔。
我攜侶買酒，

致屈原

騁懷風月。
你問天故國，
我問天情懷，
都是無奈的結局。

從春秋到民國，
從汨羅至濠江。
神遊於時空之間，
你和我在此日交會。

你是湘楚遷播的遺愛，
我是南朝無土的後代。

從汨羅到珠海，
是江與海的交匯。

你澎湃的熱流，
是我賭命狂潮的最愛；
夕連朝夕，
經五百次浴火的輪迴。

讒言與黑函在時空交替，
交織成一個不應該的年代；
你於是投江，
我依然無悔。

你無言躺了二千多年，
我臨流酹江月一杯，
都是人生的悲哀；
無奈！

註：「哀郢」、「問天」、「招魂」和「離騷」，都是屈原的作品。

再致屈原

一九九六・端午於多倫多

楚懷王梁懷王都死了！（註一）
恩怨兩泯；
春秋和漢都已塵封，
而忠魂耿耿，
飄蕩在龍舟鼓聲之間；
看競渡的人潮有我，
我有一瓣心香。

汨羅在那裡？長沙在那裡？（註二）
香港明年不在。

致屈原

汨羅在歷史，長沙在地理；
東方之珠不在英帝國的皇冠上。

你去汨羅，他去長沙，
我去香港；
汨羅留住你，長沙是偶而的過客，
楓湖的孤島有人自我流放。

有漁翁問訊，（註三）
有鴞鳥入屋，（註四）
西半球有好圓好大的月亮，
連星星都跌落湖的中央。

問天和離騷有怨聲，哀郢招魂。（註五）
弔屈問服，（註六）
「服乃嘆息」，「口不能言」（註七）
香港九七之變，（註八）
楓葉國又多了黃皮膚的掌故，
一千〇一夜的荒唐，
一千三百議政篇，
交織了二千年時空，燎不盡
都化作歷史的沉澱，
讓異代撈起、或蒸發
成時代的彩虹。

致屈原

歷史管不著，何況
只靠良心去平反，
「六四」也難啊！何況。

你弔故國，賈誼和歷史弔你，
賈誼又旨望誰！
我算濫竽，濫竽嗚嗚，
讓濫竽弔賈誼。
南朝的劉祖陸辛又誰弔？
濫竽總不能一再濫竽，也想過結局，
衹合詩書題壁和一柱華表麼？
屈賈和南朝志士連濫竽，

端午圖案便織起，龍舟鼓配
黎小田的旋律更好，（註九）撒一把
南朝的氣數，
楓林的風景，和
一口落滿星星的湖。

註一：屈原為楚懷王左徒，有怨聲，賈誼為梁懷王太傅，多恩恤。
註二：屈原自沉汨羅，賈誼過長沙弔之。
註三：漁翁曾問屈：何以見放。
註四：賈誼列傳有記：賈至長沙，有鵩入屋，以為不祥。
註五：屈原作品的篇目。
註六：鵩為楚聲之「服」，以次兩句，見賈之「服賦」。

註七：鶚為楚聲之「服」，以次兩句，見賈之「服賦」。
註八：以次四句，均是我 寫作計劃中篇目。
註九：香港著名作曲家，我曾為其寫歌詞。

三致屈原　一九九七端午於香港

民族的命運像黃河，
轉折多磨的呻吟而終歸於海；（註一）
河殤終結。
你屈辱而孤獨的行吟，
終於與沉石歸於汨羅，
招魂的鼓聲從此不斷；
沉冤得雪。

「九七」端午香港的龍舟還在競渡，
維多利亞海峽岸上的人潮依舊，

致屈原

為倒數二十天的回歸吶喊；
東方之珠從皇冠摘下，
投向亘古未見的制度，
詩人啊！
你可見它滾動的前路。

你於衆醉中獨醒，
因而不容於衆醉。
香港只想保持殖民地自由，
「一國兩制」的框框能裝下？
黃色的臉的尊嚴，
豈止於馬照跑、舞照跳！

詩人啊！你最清楚：
汨羅沒有河殤；
維多利亞海灣的源頭是海洋。
你哀郢，
誰哀香港？
你問天，
香港人問北京！
白樺「苦戀」問號的那一點，（註二）
是香港人「九七」之後的命運？

致屈原

你要招魂，
龍舟鼓就響了二千年。
誰向香港人招手，
「這裡有人滿之患！」
「港澳關係條例」有嚴密的規定。

註一：兩千五百四十年間，黃河共潰決一千五百九十次，大改道二十六次，平均三年就二次決口，一百年就有一次大改道。（資料來源：蘇曉康著「河殤」）
註二：白樺著「苦戀」：「問號的那一點，就是他已經冷卻了的身體。」
另註：「招魂」、「哀郢」、「問天」是屈原不朽的作品。

四致屈原

一九九八端午節

「廿一世紀是中國人的」。
戴這冠冕未免太沉重！
詩人啊！
你是那一年放逐呢？
從你開始
二千五百年的放逐史；
是民族一首血淚長詩。
中國人的世紀？
總不能將放逐者算在一起！

致屈原

五千年的文化，
竟變成放逐民族的造化、
悲慘的宿命！
詩人啊！
你的結局是自沉，
而蘇俄放逐的詩人能歸國；
如果說這是歷史，
讓廿一世紀的放逐者做釋註。

詩人啊！
你放逐而有「離騷」；

方勵之、魏京生、王丹也有；
你思念故國有「哀郢」，
放逐與自我流放者都有。
廿一世紀的世紀，
中國人真了不起！

當故國「道不行」，
所有乘桴桴海的華僑，
都是無可奈何的自我流放；
還頂著犯賤的「天國棄民」。
詩人啊！
廿一世紀的世紀

致屈原

海外的中國人如何談得起！
箕子的據點只成荒塚。
徐福造就了「倭寇」。
鄭和沿著一條悲慘的航線。
越洋到北美的桅船，
註定是歧視的對象。
詩人啊！
你無須自傷，
回頭看看我們流放者的下場：
印、菲、馬街頭的陳屍，
多少是華商！

這是中國人的世紀！
海外華人不得異議！

放逐者朝思暮想回歸，
香港人基本法有個定位。
家禽也感冒了，
澳門在倒數計時，
街頭正冒著火堆。
詩人啊，你哀郢，
港澳人哀港澳。
「廿一世紀是中國人的」，
港澳人有不同的定位。

台灣是浮海的桴，
隔著海峽下碇；
載著自我流放的後代。
那邊說要走出去；
這邊說要找回來。
兩岸進行著拔河賽。
海外的中國人有多無奈？
詩人啊，你是中國歷史的良心，
對統一這個問題怎樣看待？

附古典詩兩首

壬戌詩人節感賦

放逐江湖意自悽。離騷有據增讒詆。
汨羅浪淹孤忠淚。楚地空留杜宇啼。
南海魚龍都靜寂。故山猿鶴已聲嘶。
賈生尚以梁王哭。我祇行吟向日西。

端午節懷屈大夫

散髮江湖帶劍行，問天何以慰平生，
招魂顯寄從容意，哀郢悠吟故國情，
衆夢大沉期大醒，滿腔孤憤等孤鳴，
愴懷千古傷心事，依舊村人瓦釜聲。

諸葛武侯

南陽野老絮絮草廬的史話，
錦官城外丞相祠堂的香火，
把天下第一軍師薰得神化；
「借東風」和「空城計」成了千古佳話。

你在赤壁燒了曹操的霸圖，
你在荆襄奠下劉蜀的基礎；
你可以掌握木牛流馬，
你的續命燈還是墜下。

三渡瀘水你完成南征，
六出祈山你執行北伐；
天下三分你成了預言家；
出師表你把孤忠的典型寫下。

（一九九五）

李白

浪跡於隴西楚漢之間，
騁懷在蜀道龍門之上，
尋夢於仙山水月之中。
仗劍任俠；
倚馬文章。
豪情勝慨的你的出現，
使長安市井高唱「再進酒」，
龜年樂隊輕撚「清平調」。

雖未題壁在黃鶴樓，

但誰關千古登臨之口！
是誰仰望明月觸動的鄉愁，
使三尺孩童都能琅琅上口；
你是曠世的文武天才，
詩篇和劍光都合成點點星斗。

靈氣自流放中消磨，
流放使歲月過得坎坷！
一枝穠艷都歸於黃土；
落花時節的故人早已無多！
塵世原是謫仙一場試煉，
飲一勺夜郎的芳冽，

致屈原

擁抱水中的明月。
生何孤高風流，
死亦落拓飄逸！

（一九九五）

蘇東坡

捽死於大雄寶殿的精靈，（註一）
成就了湄洲三傑。
蘇老泉的辨姦論，
鑄成他一生的坎坷。（註二）

誰說豪放難收，
試問「江城子」如何？（註三）
「念奴嬌」與「赤壁賦」，
文壇不朽，周郎不朽。

佛印何去！
朝雲何在！
子由也不在登高處。（註四）
「日啖荔枝三百顆」，
嶺南人留得「衣冠」塚在，（註五）
蘇堤還在西湖
魂兮可渡。（註六）
「十年生死兩茫茫」，
我亦「何處話淒涼！」（註七）
才人豪於情而吝於命，
祇有「把酒問青天！」

荆公已老，
恩仇兩泯。
荒陂三畝，
十年遲的悔恨，
留不住人間朱顏。（註八）

當代人說我狂，
後世人評我曠；
道開辛豪與陸放。
黃九秦七還是出於蘇門，
寒食帖算不算另一章。

我只算與佛有緣，
還貪荔甜肉香。
無有可訴之懷，
有無可遇之世。
謚號太圓滿，
辛酸的流放生涯，
已早悟聰明誤我；
不可再誤吾兒。（另註）

註一：傳說蘇東坡前身為主持方丈，以發綺念而入畜生道。命其徒於圓寂日至指定人家找尋初生小狗，摔死於大雄寶殿，使不受輪迴而再入畜生道。

註二：蘇老泉為東坡父著「辨姦論」痛貶王安石。東坡深受其影響。

註三：「江城子」（詞牌），東坡名詞之一，一字不出譜，悼其亡妻之作。
註四：蘇有「重九登高兼懷子由」詩，炙膾人口，子由為蘇轍字，東坡之弟。
註五：蘇名句：「日啖荔枝三百顆，不辭長作嶺南人」。嶺南有東坡衣冠塚。
註六：蘇卜居西湖夢亡妻涉水來，築一堤，人稱「蘇堤」，今尚在。
註七：前後兩句，出於「江城子」，蘇悼亡妻詞。
註八：王安石罷相，東坡亦辭歸，時往訪，兩人均悔當年相左事。東坡有詩述其事：「騎驢渺渺入荒陂，想見先生未病時，勸我試求三畝宅，從公已覺十年遲。」
另註：蘇詩：「人人生子望聰明，我被聰明誤一生，但願生兒愚且魯，無災無難到公卿。」

岳飛

跪下來吧！
我教你記住：
民族的列宗列祖；
黃河以北的山川平原。
一針一個血印，
凝結著「精忠報國」的誓言！

拐子馬已跪倒，
朱仙鎮在你的鞭影下
賀蘭山可預期踏破。

河北的壯士，
已擂起響應的戰鼓：
還我山河！
還我山河！

「滿江紅」那悲壯的詞調，
依稀夾著權臣底獰笑。
第十二道金牌能抗拒？
忍聽胡塵底遺民號叫！

「莫須有」註定了南朝的氣數，
英雄的頸血不是灑向戰陣，

只為「風波亭」的劊子手祭刀；
斬斷北伐復國的最後一刀！

多少帝王的陵寢已刨平，
而你的六尺孤墳猶在，
棲霞嶺的風雨靈旗，
西子湖的江山俎豆，
是民族長期的禮奠，
月月年年！

（一九八九年十一月十二日）

觀音

問善才童子：
誰在蓮座上？
穿的是素縞玄裳，
襯那一臉莊嚴相。
是仙是佛是道？
殊色原無相。

誰憐這悲慘人寰！
蒼生多難多苦！
誰是菩薩心腸？

遍灑楊枝甘露！
亦道亦佛亦仙，
祢是慈航普渡。

（一九八九年十一月十九日）

遊尼泊爾佛祖塔

是蕞爾的山城小國，
塔外有人群伏拜；
俗家嫌其小，
智者仰其大。

是誰先看破紅塵，
敝屣尊榮；
是誰脫褪皮相，
由靈出竅。
歸於極樂的西方，

座於三十三重天上；
無窮無盡，
無色無相。

塔頂的晴空是祢的慈光，
塔裡的頭骨是祢的皮囊。
斜陽以外的菩提樹下，
是祢趺坐的修道場。

為祢而來，
因祢而思，
靈塔在前，

靈山在心。
菩提子串成的珠鍊，
一珠一如來。

（一九九二）

沙彌的隨想(註)

祢從東土到極樂西方，
開脫生死，下渡衆生；
圓滿於蓮座上。
歷二千五百三十八年。
以億萬徒衆的佛號，
喝退一角顛倒的迷霧；
無始有終，不必輪迴。
證諸天有階可上，
億衆衆佛，因證菩提。

不必問中土東坡居士何在？
朝雲物化。
也不必問曼殊上人何在？
調箏人已不復記憶。
祢可有其他文字緣人？
我曾坐祢在尼泊爾的靈塔之上；
坐祢曾坐之菩提樹之下。
如今，祢用剃刀把我撥入沙彌之列，
每日要聽祢的十戒。

我非二蘇，也不想楓葉紅豆，
只想畫一朵晚秋的黃花。

帶點大蘇的神采，
小蘇的身世。

註：多倫多正覺寺為世界和平祈福舉行短期出家修道會，余到寺剃髮受戒參加，偶記前月讀蘇曼殊全集後所寫之文，今竟亦如其剃度，非因緣而何。誌於受戒悟室中。

（一九九六）

泰山

拔地而起，
莊重而坐；
巍巍乎為五嶽之長！
嵩華遥遥拱衛，
秦皇漢武到此封禪；
多少聖賢出自山底。

不必問松齡鶴壽，
已屈指難計。
而我與亘古同在，

應壽與天齊。
多少人登我之巔兮，
每說道：
「天下何細！」（註）

（註）：語云：「登泰山而小天下。」

（一九九四）

燈蛾——一九六五年致紅衛兵

孵我於荊棘叢中，
羽翼散播世紀末的黃昏。
偶而一朵野火閃爍著，

我網起全身的力量撲去，
灼傷、也變成殘缺，
我知道這是必然，
祇因為我從未得過光和熱！

錦鯉

曾經千山萬水，
竟因我於玻璃缸中！
你已一家團聚，
何必還要我添笑語！

有多少人尚未團圓；
請放我歸於原處。
我願攜三尺家書，
為平安兩字剖腹，
讓遊子家人不再掛慮！

（一九九六）

螃蟹

來自甲胄世家，
手執著鐵鉗和鐵叉。
你是海防的守護者，
突出的眼睛，
檢視著江河每一寸坭沙。

人說你橫行霸道，
誰憐你胸無城府。
揭開你鮮紅的盔甲，

致屈原

竟是一身清白。
如與黃酒並列，
人間才有夢鄉醉域。

（一九九六）

梅

天地佈雪，
有一枝透寒而出，
梢頭起幾點蓓蕾，
而暗香飄溢，
這是春的訊息。

鐵骨像虬龍般拏天挽地，
出幾枝橫斜疏影；
在萬物震慄中，
開幾朵微笑，

份外燦爛。

我本不食人間煙火，
而人間卻對我多費評章，
專與雪相比，
說甚麼輸白勝香。

曾與雪相約：
我開雪賞，
雪白我香，
我謝雪湯，（註一）
歲歲不忘。

也不知誰說起，我是國花國色；
也懶得和洛陽世家爭席。（註二）
富貴原非我的素志，
我寧願做個刻苦自勵的士。

註一：讀「式洋切」，音商。
註二：大陸近選國花，牡丹奪魁。該花原出洛陽，亦號富貴花。

蘭

我長於幽谷，
卻未必遷於喬木；
我似草而非，
柔弱中更顯得我的孤獨！

我的知己會知道，
十里之內能知我的居處。
王者之香，
我就是居此鄉。

一生一世的相思，（註一）
慕我而癡。
一葉一詩，
一花一詞，
詩和詞是我最相近的質資。

喜氣寫我的丰神；
勁筆寫我的剛健；
柔筆所致，
寫我風雨中搖曳的舞姿。（註二）

註一：畫道有言：「蘭一世，竹一年，花卉一夜天。」言蘭善工不易，須下一輩子工夫。
註二：風雨蘭是蘭中最普遍品種。

（一九九五）

菊

休說花中偏愛，
誰為後繼。（註一）
而晚香傲霜，
也不似春花零落。（註二）

不要以為我柔弱，
曾與西風幾戰；
尚抖擻精神。
我也會閒倚東籬，
悠見南山。

既不羨姚黃魏紫，
也不羨君子流風；
有陶靖節見愛，
我已無怨無悔。

（一九九五）

註一：名詩有：「不是花中偏愛菊，此花開後便無花。」
註二：名詩有：「黃花不似春花落，奉獻詩人仔細吟。」

竹

生來虛心低眉，
但亦軒昂有節，
凌霄掃天。
可問朝暉鳴鳥，
我何怡怡；
或問日暮美人，
為誰相倚。

猶記板橋遺愛，
畫我價三千，

種我價三錢；
買我得人稱，
種我能自清。

世人怒氣寫我，（註一）
但揮灑自有清虛。
我不是不屈的好漢，
文同可以見證。（註二）
留南植北，
隨境而安。
桃符為天地報春；
我為人間報平安。

註一：畫人語：「怒氣寫竹，喜氣寫蘭。」

註二：畫竹名家文同曾寫斷竹一幅，今藏故宮博物館。

（一九九五）

楓葉

我與山林有約；
守到秋來時，
我為你點上胭脂。

我與秋霜有約；
守到你來時，
我為你換上彩衣。

我與西風有約；
守到你來時，

致屈原

我為你翻幾個舞姿。

我為天下情人染色，
做你的詩箋；
寫幾行情語，
我會隨御溪流水，（註一）
飄送到你靈犀相通之處。

試將我從北地寄出，
寄到南國去。
如果覆你是一把紅豆，
那就和我一樣，

代表了「想著你」的相思語。

註：名詞有：「未有御溪流水，怎題付與紅葉。」

（一九九六）

石榴樹

憔悴而無告對西風，
悵惘對夕陽；
無言俯視連根的土，
默數如今寂寞。

散飛的一片悠雲，
灑落相憐的雨，
洗去一身愁塵，
重現出昔日的歡笑，
欲飛向逍遥的天際，

怎奈連土的根；
連根的枝；
連枝的子。

相對是徒然，
誰生長這片古老舊的泥土，
歷程早就註定：
抽芽、發葉、開花、結子，
然後守著殘枝，
認著蝸牛的步伐，
忍度歲歲年年。

悠雲，應悔它是無意的投影，
又被風吹散無蹤了！
祇落得彼此思念，互數
暮暮朝朝。

（一九六二）

漂水花

命運之神捏著
一塊未經琢磨的石塊，一彈指
從故鄉的池塘水面飛出，
在蕞爾的澳門一點，
飛向維多利亞海峽；
繞過南中國海，
藉著瑠公圳積水又一點，
竟跨洋而去，
落在楓葉湖畔。

致屈原

這一彈指，
竟過了四十個年頭，
滄波歷盡；
而稜角已失，
世故渾圓。

誰希罕這渾圓，
我寧願保住粗樸的稜角，
曾試踏波還，
而瑠公圳已掩，
澳門的氹仔也變了樣；
隔江的家山已在望。

山鳥從思海掠過
拋出：
誰能免，
漂水花！

（一九九六）

舊夢

似曾相識，
朦朧中的依稀；
連驚喜一同浮動，
是一雙熟悉的眸子，
竟是三百年前的舊愛。

是誰把你傷害，
一度度刻骨的傷痕，
連歲月都刻上，
一年一柱，

竟無完膚。

不要問誰把我傷害，
這是三百年的沈哀。
我祇求一句誓言：
不再分開。

（一九九五）

徘徊

天涯與水濱之間，
焦點異樣朦朧；
連氣流都吹成巨浪，
浮起是沉沒的掙扎；
岸何其遠，
那佝僂的身影，
拖起一頭白髮登岸！

盟山與誓海之間，
牛郎織女的神話又如是說；

靈鵲那還記得一年一度，
彩虹可不是橋。
好冷，也會消散，
就捽得有始無終！

北極與南陬之間，
摒三千而取一勺，
忍嘗芳洌；
還是皈於慈航，
隱於遠方！

（一九九六）

失題

有秀雲如許，
春山如黛，
秋水如醉；
那輕盈小橋，
橋下有楓葉流丹的點聚。

有秀峰聳起，
岡巒徙下，
坡原舒展；
問桃花潭水

汪倫深情處。

誰說如名將白頭，
不許人間見。
留住不變的一刻，
——不變的朱顏；
就能天地無盡，
滄海無痕。

（一九九六）

故事的素描

從雲鬢滑落，
經過童年的歲月，
歡樂的青春，
憂鬱的痕裂。

看春山如黛，
春山如簇；
盈盈秋水之間，
有智慧的澄清，
迷惑的漪漣，

那憂傷的草廬，
終於滴出冷冷的珠露。

那修補的小橋，
橋下桃紅柳綠。
多添一分風 神：
黃鸝從那梢頭飛起；
在空中傳恨；
那裡有愛！

萎靡的岡陵，
遺下當年迷人的風貌：

致屈原

坡原舒展，
有綠草如茵，
暗香如蘭；
都從幽谷升起，
吹向隱隱的遠方。

似曾相識的故園，
讓記憶去擁抱。
再放牧於此，
老於此。

記得岡陵那個塔，

塔裡的女人還是白素貞？
法海的袈裟早已物化，
罩不住流光；
塔外那個和尚，
還呆在那裡唸經徬徨。

（一九九六）

自由萬歲——為自由女神屹立一百週年而作

妳的手腳已掙脫了銬鐐，（註一）
頭上的光芒昭昭，（註二）
莊嚴的堅毅的眼神，
穩定的手臂高舉——
一枝不滅的自由火炬。

妳站在自由島上，
歷盡千萬個黑夜，
指引多少次航程，
有多少人看到妳，

才敢發出自由的歡聲！

當坦克車輾碎了自由，
匈牙利的旗幟在你的手上飄揚；（註三）
那是希望的提升，
妳已成為人類追求自由的象徵。

妳的子民曾使妳蒙羞，（註四）
世上還有一半人類在痛苦呻吟，
獨裁者正在得意的時候，
妳的眼神變得憂傷深沉！

百年來的巨變，
改不了妳自由的信念，
人們終於景仰妳對真理的追求；
今天又隨著妳的指引，
邁向自由的明天。

註一：自由女神的腳底有掙脫的鋳鐐。
註二：有七枝激射的光芒。
註三：一九五六年匈牙利革命失敗，匈牙利志士把國旗掛在女神的火炬，以示匈牙利的自由火種不滅。
註四：一九七一年反越戰分子佔領自由女神。

（一九八八）

哀民主女神夭折

——為自由女神站立一百一十週年而作

妳還是堅毅的屹立著，
妳的子民終於感動，（註）
自由火炬變得更光亮，
竟點穿了東柏林的圍牆！

東方太遠，
妳生了個可愛的女兒，
她的名字叫做民主女神，
寄養在東方古老的廣場上。

這是帝王的廣場，
從來只接受臣民的嵩呼，
容不得民主女神的歌唱；
坦克車輾碎她的理想，
軀殼拋入血火的中央。

母親的自由女神啊！
甚麼時候才燃點女兒手中的火炬，
照亮了東方；
點亮了廣場！

註：八十年代，美國在總統雷根領導下，重振愛國精神。

（一九八九）

香港愛國志士的禮讚（兼致陸永權兄）

街燈已意圖闌珊，
你才拖著疲乏的身影作歸行。
打開深鎖的重樓，
迎接你的——
卻是一門冷冷的清秋！

窗外剛透來一絲曙光，
你已從前門出去了。
你究竟為誰辛苦為誰忙，
誰知道你的憂傷；

和彼岸老眼與童稚的倚望！

你背著多少毀謗，
承擔著多少徬徨！
你吶喊著祖國的名字，
閃出祈求的淚光！

（一九八八）

獻給無名氏

「五四」出現了「新青年」，（註一）
「這是中國文學出現的春天！」（註二）
華、夏青年都吃了這碗藥，（註三）
「日出」後的「雷雨」，（註四）
也不外加強「徬徨與吶喊」：（註五）
「打倒封建！」
「打倒封建！」

於是，
阿Q的幽靈到處遊蕩，

「創造」對「新月」又推又揪，（註六）
當「八月的鄉村」燒得火紅；（註七）
文藝的園丁都帶著標槍和匕首。

你出來了
你說：
為美好的大自然謳歌吧！
「天是藍的！
海是藍的！」（註八）
為愛情讚頌吧！
北極風情畫是這樣美！（註九）
塔裡的女人也這樣嫵媚！（註十）

你錯了！
文藝是為工農兵服務的！（註十一）
舊的知識分子都應該改造！（註十二）
因為現在的海不是藍的，
天也不是藍的，
下沙鄉集中營有正確的回答，（註十三）
這是「海的懲罰！」（註十四）

從三十四年的煉獄走出來，
海還是藍的，
天還是藍的，

致屈原

連維多利亞的海也是一樣，
那邊還有故國泥土的芳香。

海啊！
我自由了！
你為我證明你還是藍的，
我要為你歌唱！
天啊！
你也還是藍的，
我又可以為你謳歌，
為你翱翔！

註釋：

一、「新青年」月刊是陳獨秀等創辦。
二、當時大陸左傾文人的讚語。
三、魯迅短篇小說：「藥」中的兩個主角，一叫「華」，一稱「夏」。
四、曹禺風靡大陸青年的話劇。
五、魯迅另一名著。
六、創造社為郭沫若、成仿吾等主持，新月社為徐志摩、梁實秋等主持。
七、左傾作家蕭軍名著。
八、無名氏句。
九、「北極風情畫」為無名氏名著。
十、「塔裡的女人」亦無名氏名著。
十一、毛澤東在延安文藝講話句。
十二、毛澤東語。

十三、無名氏勞改的集中營。
十四、無名氏重獲自由的第一部名著。

觀毛利人歌舞

猶是戰地戰鼓；
瞋目欲裂，
標槍欲擊；
征夫呼號，
怨婦切切；
這是當年原野戰鬥的序列，
如今變作觀光舞台的擺設！

為祖先招魂的戰鼓
是民族垂死的輓歌。

陳列著原始人類文物的刀斧，
震驚的舌頭和眼神，（註）
在掌聲中——
看到民族的舞台，
縮進觀光飯店的一角。

註：毛利人在舞蹈中有震動的吐舌和睜慄的眼神。

（一九九二）

迷惑

有人說民意就是民主，
示威，遊行都是民意；
是通往民主的獨木橋。

有人說暴力是將民主起解，
責任、法治都是被告；
是告別民主的陽關道。

誰是民主起解的崇公道？
有人問：「民主的前途在那裡？」

致屈原

「衹有天知道！」

（一九九二）

有祝

四十年的織夢
在掌中響起中；
誰能記得，
孤燈下的一筆一墨，
都在憂患中寫我。

記否雙鬢年華，
江干送別，
就念著七夕佳期。
而慈烏年代，
一個個在羽翼下成長，

都又先後飛去，
望歸！望歸！
誰在倚閭？
是你！

人間一切恩怨情仇，
隨年代而抖落。
反璞歸真，你皈於慈航座下，
我也忘了掌聲、世間虛榮；
皈於佛、皈於法、皈於僧。
琉璃香花玄鳥的淨土，
跌坐於蓮座上，
同拈花微笑。

艾青的詩和詩論的評析

三十年代所有享盛名的左傾詩人，到碩果僅存的艾青去世；他們對現代詩和社會的影響，終於可以做總結的研究了。

一九八八年，新詩學會會長鍾鼎文暨夫人金婚之慶，承慶子女在華盛頓凱悅酒店為他設宴祝賀，先君為鍾公在重慶時的舊友，承他寵招參加，我從多倫多應邀前往，歷三晝夜隨侍老人杖履。鍾公對故人之子，勗勉有加。第一夜講述其生平經歷和師友的恩義；第二晚縱論國族的前途；第三晚談詩和詩人，其中談及大陸詩人艾青和他的詩作；以艾青曾追隨他做事，所以談他的事和詩特多。次及郭沫若、臧克家、聞一多和何其芳。郭沫若和臧克家在中共政權成立以後，成為毛澤東的文學侍臣；已很少有個人風格的作品出現，聞一多最早被殺，中共認為他是為人民犧牲，政權成立後移葬八寶山，想來應是中共黨員，否則不會遷葬於八寶山的。何其芳於一九七七年七月廿一日逝世，是文革結束的時候，享年僅六十五歲，和文革飽受煎熬不無關係。艾青比較幸運，近年尚可旅遊國外，於九六年五月七日逝世，享年八十六歲。三十年代享盛名的大陸詩人，至此零落殆盡！五人之中，最具才華者為郭沫若，文學的修養也最好，其早期作品如「早晨中國」、「女神」、「火鳳凰」等，光華奪目。如果能敝屣名位，專心做個文學家或詩人，其作品必千秋留名。可惜中年以後，昧於良心，專做看風轉舵、「逢君之惡」的無聊事，作品也隨其品格而卑下，不復舊觀。司馬光有言：「有才無德，小人也。」郭不珍惜其天賦才情，縱有佳作，也變成小人之言，真是暴殄天物，豈不可惜！

艾青生於一九一〇年，原名蔣正涵，號海澄。艾青是其故鄉浙江金華縣（鄉音海澄的諧音）。其成名詩作：「大偃河—我的保母」，時年僅二十二歲，是早歲成名的詩人。其實艾青的學歷，只完成初中，那是一九二八年十九歲，同年肄業於杭州國立西湖藝術學院繪畫系，翌年便到法國習畫，隔了一年便回國了。大概由於日本侵佔瀋陽，他參加「世界反帝大同盟」。法國當時正是中國左傾留學生最活躍的地方，很多留學生都放棄學習的機會，被左翼留學生團體吸收，成為共產主義赤化中國的先鋒；艾青亦沒有例外。一九三二年開始寫詩，同年返國，即加入上海「中國左翼美術家聯盟」可知。七月便為上海法租界巡捕房拘捕，至一九三五年出獄。一九三六年入江蘇省常州市武進女子師範任教。半年後重到上海，自費出版第一本詩集「大偃河」。以後詩作不斷發表，出過幾本詩集，詩名大盛。一九三八年二十九歲，到山西「民族革命大學」任教，成了著名的左傾詩人了。一九四〇年，艾青到過重慶，惟不久即化裝潛離抵延安，可知其到重慶是有任務了。在延安時期曾參加「延安文藝座談會」，毛澤東著名的「延安文藝座談會的講話」，就是在會上發表的。這個講話，以後成為中共文藝工作者的工作方針：文藝應為工農兵服務。有些大陸作家認為這個講話，就是「作家頭上三把刀」。中共佔領華北，艾青擔任「華北文藝工作團」團長，從此離開延安。一九四九年中共佔領北平，艾青也隨即到達，參加全國文藝工作者第一次會議，並為「人民文學」創刊的副主編。中共在華北勝利以至佔領整個大陸，艾青的詩作也隨著歌頌「新事物」，如「國旗」、

「春姑娘」、「寶石的紅星」、「十月的紅牆」、「歡呼集」等詩作、詩集。文藝政策的文字也很多：「談中國畫的改造」、「文藝與政治」、「描寫新事物的成長」、「反對武訓奴才思想」等。可知艾青的文藝生命，已不再是自由心證下成長，是徹頭徹尾的根據毛澤東的文藝方針，做了傳聲筒。誰知到了一九五八年，艾青還是被劃為右派分子，撤消一切職務，全家到北大荒去落戶勞改。不過，艾青為了表現改造，寫了不少歌頌改造的文字：「踏破荒原千里雪」、「哈瑪通河上的朝霞」（詩作）和「郭蘭英傳」、「蘇長福的故事」（歌頌勞改的故事）等。兩年後便摘去右派帽子，雖然帽子摘去，但自從戴上該帽子計起，又經歷文革十年，艾青的作品除歌功頌德外，幾乎看不出那些是他真正自由心證下的詩作。即使也算是詩，和過去的多產明顯有了很大的差距。前後歷十二年，至一九七九年傷痕文學的興起，就是鄧小平復出以後，艾青才真正拾起詩筆，重新創作。但中共對作家總是不放心，包括鄧小平時代，利用時寬待而過後收緊。左傾作家過去都大罵國民黨摧殘他們，但沒有一個作家在當時不是多產的。

我國詩人在新文學運動中掙脫古典詩的桎梏，是自然而然的發展，正如四言衰而有楚騷；五言後有七言，絕詩後而有律詩、排律。詩發展到登峰造極而有詞，才情之士，不甘於陳陳相印，自然別闢蹊徑，新文學提倡了白話文取代文言文：新詩取代古典詩是必然的。誰也不能阻擋。但如果說新詩比舊詩好；白話文體勝於文言文則不敢苟同。這正如說詞必佳於詩；律詩必勝於絕句一樣。好的就是好，不能說新的比舊的好是一樣道理。舉個例來說：我們說艾青的「大偃河」寫得很好，但不能說因為「大偃河」是新詩，它就比崔顥的律詩「黃鶴樓」的舊詩為好。艾青在一九三二年（二十二歲）寫了「大偃河」，不必說他對新詩還在摸索中，連新文學運動的胡適之先生，他是提倡白話詩的先驅，也還稱自己的詩集做「嘗試集」，其未成熟是十分明顯的。新詩發展到現代，我們已不稱新詩而稱現代詩，現代詩經歷了「新詩」長時期的摸索，無論在技巧上、節奏和意境上，都有了進步。「大偃河」在當時也許是新詩中的好詩，但放在今天好的現代詩作裡，就變得稚嫩生澀多了。以艾青的學歷而年只二十二，已經很不錯了。

艾青的詩作，自承是散文形式的，也的確如此。如果將艾青的詩作每一行順著下來，散文的味道多於詩。如果艾青僅止於早期的作品，正是成長過程的表現；那個詩人沒有成長的過程？可是，艾青以後的作品也是很少變化；這是令我們很難想像的事。正如我們不會相信；齊白石青年時代的木匠作品，和晚年時代的巨匠作品還是一樣的不可思議。如果還是一樣的稚嫩生澀，齊白石定是浪得虛名；艾青的作品亦應作如是觀。

「不虞之譽，有甚於譭。」盛名之累，每使人困於自己建立的風格，不可意思甚至不敢以今日之我，否定昨日之我。是藝術家不敢超越自己的原因。舉個我熟悉的例子，梁寒操是我的長輩，高風亮節，其詩作每多奇句，早負才子之名；也是一位大學問家，是我所敬慕的長者。由於盛名過早，他的法書，成為他獨特的風格，惟以書道而論，梁的字無一可取，與古之名家書道相去甚遠。幾可說離經叛道。梁是博學多才的大學問家，不會不知其書之敗筆所在，是困於現狀最好的說明。艾青之病亦在此。如果說我們細讀艾青的詩論，無一不以其詩作互相矛盾，正好說明：「不是一些合乎文法的句子，不是報紙上的時論與通訊」但艾青的詩作，正有這些毛病：「我心裡充滿感激，從床上起來，打開已關了一個冬季的窗門，讓你把金絲織的明麗檯布，鋪展在我臨窗的桌子上。於是，我驚喜地看見你，這樣真實，不容許懷疑，你站立在對面的山巔，而且笑得那麼明朗。」（給太陽）這不是合乎散文文法嗎？那裡像詩？不像「通訊」嗎？他的詩論又有：「一首詩必須具有一種造型美；一首詩是一個心靈活的雕塑。」這都是內行人語。再看以上的詩，不正是背道而馳嗎？他的詩論主張：「用詩來代替論文或紀事文是不能勝任的。」很好，但詩同樣也不是散文，更不能像他的詩作（如上）紀事。他又說：「詩是語言藝術，語言是詩的原素。」艾青的詩作不注重節奏，語言合於文法而欠鏗鏘。他是個四平八穩的老船夫，不是踏浪凌虛、思入風雲的詩人。他說：「從自然取得語言豐富的變化。不要被那些腐朽的格調壓碎我們鮮活的形象。」而他的詩作也正是如此。

艾青也有對詩錯誤的見解，才是他的詩作無法自立崖岸的障礙，如「盡可能地用口語寫，盡可能地做到『深入淺出』」詩的言語是口語嗎？下里巴人語能深入淺出嗎？和他的「詩是藝術的語言」不是自相矛盾嗎？「詩人必須首先是美好的散文家。」但詩不是散文，兩者不能合而為一的。他又說：「一定的形色包含一定的內容。」這是詩的框框，好的詩不須要框框的。他說：「詩的旋律，就是生活的旋律，詩的音節，就是生活的拍節。」我們知道什麼是詩的旋律和音節，但是什麼是生活的旋律和拍節？我們又用什麼方法，使詩與這些界定不明的抽象意念相結合？「節奏與旋律是感情與理性之間的調節。」艾青提出這種邏輯真是玄之又玄。他能舉出範例嗎？他又說：「苦難比幸福更美。」誰說的？除非詩人已成地藏菩薩；否則，苦難如何比幸福更美？詩人還就黑暗的現實，不敢說真心話，沒有為時代被壓迫的人民作心靈的舒發，作品如何能動人心弦！「悲劇使人的情感聖潔化。」誰也不敢說有這種能耐，悲劇使人傷感更真實些。艾青提倡新詩要明朗；但詩論每多這種玄虛之說，很難令人信服。如果這種歪理，是他擺脫右派的噩運，我們可以曲諒；但畢竟是違心論，已不足道。如果是他真正的論證，這種故弄玄虛，正是膚淺的表象吧！他的作品，看不出成長，終於找到答案。

上下古今一詩人

——跋「致屈原」詩集

梁乾

之遠學兄送來「致屈原」中國現代詩集的打字映本，要我寫個「跋」；語焉不詳，就轉身走了。他是我在「多大」東亞研究院的老學長，二十多年的交情，要我寫這個讀後感的文字，自無推辭的理由，但他完全沒有交代，也頗令人踟躕，掛個電話問問他，他只說，怎樣評由你，說真話就好了。他的個性和過去還沒有一點改變。

之遠兄到多倫多大學讀研究院的時候，他已是當時多倫多市華埠擁有最多經紀人的地產商了。年紀略比同期同學大一些，他原是麥瑪士打大學經濟研究所畢業，以後從事地產經紀業，把唐人街從市政府附近的地段帶到今址來。他一面從商，一面到多大東亞研究所讀書。我們有幾位同學，要賺點生活費，到他的公司做周末散工，有的做晚間聽電話的秘書工作。我有一次問他怎麼讀不相關的科系。他說，過去太窮了，讀經濟只是想斬斷窮根。生活能解決了，讀回自己有興趣的。的確，文學才是他的志趣，他畢業以後在文學上的成就是有目共睹的。

他在「代序」中所提及的系中老師，使我想起三年和他的讀書生活。史景成老師常說他是個天才，連寓所也掛着他的詩畫。以後史老師退休，在八十歲生日的時候，我們這些學生為他祝嘏（包括當時任閃文大學校長的史維——曾任駐北京第一任加拿大大使）。之遠兄當時寫了三首詩頌師德的賀詩，向在座同學分派，我保留至今：「景成師杖朝之慶，奉詩三章，一曰篤學；二曰高潔；三曰謙禮，藉述師德，用祝千秋。一、鶴骨松身白髮巔，啟期三樂亦今言，試看當代史夫子，八十猶成周禮篇（註：時史師尚發表其對周禮的研究）。二、瓊樹瑤林地上仙，志行高潔碧於天，投錢飲馬清如許，恰似污泥出白蓮。三、崔詩在上韓文前，謙德誰今比古賢，夫子杖朝稱大老，猶為弟子寫華箋（註：之遠兄當年出文集，由史師寫序）。」讀書的時候，當時系中同學都知道，之遠兄正協助答臣師緇譯中國名詩的工作。後來答臣師到臺灣出席第一次漢學會議，回來就對我們說，他已推介之遠兄出席明年會議。但當時之遠兄笑着說，自己意見多，臺灣每年邀請海外學人會議，連一些沒有留學得過學位的人都請了，就是不請他，他們只是敷衍老師而已。以後果如他所料。答臣師和之遠兄真是師生相得，我有幾次看到他們在餐館飲酒和吃螃蟹。他們談的還是詩和藝術，以後之遠兄還跟過他學板畫。這兩位老師均已去世了。史獵老師是漢詩分析專家，由於之遠兄對漢詩很有研究，上課的時候，史獵老師常要之遠兄對我們的辯論做總結。有一次之遠兄對我說：真頭痛，做總結真不好做，工作又忙，還要大量備課應付。他又問我：是不是我年紀比你們都大，老師才這樣難為我？我說：不是，老師知道你對漢詩有研究，且是個詩人，不要你難道要我嗎？之遠兄苦笑。代序中他沒有題到另一位也很賞識他的女老師石清照（哈佛博士Prof. k. steven，京韵大鼓章翠鳳的嫡傳弟子），之遠兄選修她的「中國戲劇」，也是之遠兄的論文「京劇臉譜的研究」的指導老師。後來石師發起系裏同學演出「蘇三起解」，由林同學飾蘇三，之遠兄飾崇公道，我那時打鑼。之遠兄的崇公道的扮相已使我們笑得人仰馬翻。

我也一段時期到他公司做暑期工作，有機會和他參加僑社詩人的雅集，我才真正體會史景成老師說他是個天才型的詩人。那次雅集，由一間花店名叫「雅仕」提供許多水仙花布置會場，原來詩人以水仙花為題材，大家即席寫詩貼出。之遠兄到場後，大概由於他的人緣好，詩人們都認識和尊重他，有的為他倒酒，大家催他寫；他也毫不含糊就在那裏構思和動筆，不久就寫了好幾首。第一首我抄了下來，是這樣的：「為何雅仕發雲箋，惹得詩人眼欲穿，約綽幾疑天謫女，娉婷竟是水中仙，素心自惜何須艷，綠意吾從不避妍，我亦江湖孤憤客，與君同結出塵緣。」之遠兄詩思敏捷，把水仙出塵拔俗的性格和體態（「約綽幾疑天謫女」以次四句）寫活了，而又自佔身份，在座拍手稱快。許多詩人也抄下來。我看到一些詩人懇請他修改，他也毫不猶豫在那裏動筆為他們修正。又有一次詩畫雅集，我也隨他到場。很多畫家寫好請他題詩，他也即席看畫而寫，每能絲絲入扣，恰到好處。他興到時也會自畫自題。那次他寫了一幅山水畫，上面寫上「三十年前載酒瓶，布衣一襲功名輕，手中彩筆真堪健，可寫青山可寫經。」又寫了一幅紅梅，自題：「紅梅冒雪迎春早，國色國花亦國寶，敢敵瓊樓高處寒，笑他附勢隨風草。」之遠的畫寫得像詩快，一筆一墨的文人畫。非有才情，不能有此大手筆。

之遠兄從事地產業二十五年，正如他說「只是想斬斷窮根」的不得已職業。他真正的興趣還是寫作，如果加拿大還算有華文作家的話，他應該是第一個不折不扣的作家。我們幾個談得來的同學，都知道他畢業後從沒有放下筆，每天寫幾個專欄，三十年不斷，完成的著作有：「火花」、「暗潮」、「唐人街外史」、「唐人街之變」、「楓葉奇情錄」、「風雨江湖三十年」等。他應該是提倡唐人街文學的第一人。但這些作品，都用筆名程千里發表，極少人知道是他的。他代表香港筆會出席國際筆會三次。尚有其它的文集、詩集、書畫冊多種出版。去年新著「一九九七香港之變」，是一本研究香港歷史和未來前景的一本學術專著，在臺、港兩地很暢銷。尤為臺灣學術界注意，淡江大學大陸問題研究所所長張五岳、中興大學企管所教授陳明璋和中華經濟研究員高三長等多人，都曾在臺灣「跨世紀新知論壇讀書會」上為這本書作研究報告。之遠兄在文壇和學術上的成就，我列交遊之末，同感與榮。

不管他在文學和學術上有多大的成就，我還是認為他的氣質更適合他做個詩人。他奇磊曠達，才氣迫人。我分不清楚他受李白、蘇軾、陸游、辛棄疾的作品影響他，還是他本來就是這種豪曠的性格發展到作品上來。他說他二十二歲之前，做過學徒、侍應、皮鞋匠；以後我們知道他從商，做總經理、董事長。從政做立法委員、駐外主管。不管甚麼角色，他都會全心全意去做，都能有聲於時。他曾跑到佛祖悟道的菩提樹下坐禪，以後到寺院落髮做和尚，還到過唐人街托砵化緣。今年他對我說，這本詩集出版後，他會再入寺院禪修，本來也想落髮，但許太太反對，只可帶髮修行了。前十五年，他想過一下監犯生活，所有泊車、超速罰單全不繳，等候警察逮捕，積了幾年，警察終於在路上逮着要測試他的酒精成分，把他送到警察局去，要他清繳罰款才放人，否則坐牢三日。他說：「我等了三年，就是等這三日，我要坐牢。」警察覺得他有點反常，通知他的家人；當時已夜深，害得許太太托一位做皇家騎警的朋友，帶着罰款來保釋他，他反而懊惱了一陣，監犯做不成了。他就有這種浪漫詩人的氣質。他響往田園生活，響往「詩佛」王維的「輞川別業」，終於找到當中有二十五畝湖和兩幢別墅的地段，退休前就把他買下來。我們這些朋友都去了，根據輞川別業的注釋，還沒有湖中的小島和環湖的楓葉、針松，把湖染得像彩盆一樣。之遠兄沿湖划船飲酒賦詩，恐王維見之，亦不過如是。

我只知他的古典詩做得好，讀了「致屈原」詩集，才知他對現代詩早已摸索了二十年，集中雖然只有三十二首，但都是精粹的作品。他說這詩集花心力最多，必是經得起分析的。像「致屈原」的四首，寫的時空不同，但都緊緊扣着屈原的經歷和時空的轉換和感受。第一首的端午節，詩人流浪在澳門，和屈原的流放產生了「故國問天」

的共鳴：「從春秋到民國／從汨羅至濠江／神遊於時空之間／你和我在此日交會。」詩人必然受了很多委屈，正像屈原所受的讒言一樣：「讒言與黑函在時空交替／交織成一個不應該的年代／你於是投江／我依然無悔／你無言躺了二千多年／我臨流酹江月一杯／都是人生的悲哀／無奈！」屈原的「散髮江湖」是無奈的；詩人的「攜侶買酒」也是無奈。形式的差異，同樣是「一樣心如沉石／滿目烟波。」二千多年的時空，江山依舊，而人間幾換？詩人用人物心境的對比，把時空的差距縮短到「此間交會」，詩人與詩人間的共鳴，緊扣了讀者的心弦。

「再致屈原」，是詩人辭去派駐香港的職務，回到加拿大，在端午想起屈原，而香港是在交接前的一年，詩人用漢朝的賈誼弔屈的故事，感懷身世，再想到他也在弔賈誼，同樣有志未伸的詩人，像「南朝」的劉琨、祖逖、陸游、辛稼軒他也在弔，因此想起他自己的結局，誰又在百年之後弔他？詩人用楚懷王與屈原，梁懷王與賈誼之間的怨與恩，其結局都造成屈、賈的不幸身世，聯結着以後的「南朝」氣數和香港的命運，詩人用「龍舟的鼓響」將時空結合起來。「汨羅在那裏／長沙在那裏／香港明年不在。」「汨羅在歷史／長沙在地理／東方之珠不在英帝國的皇冠上。」正面和反面的陳述着空間的轉變。「你去汨羅／他去長沙／我去香港／汨羅留住你／長沙是偶而的過客／楓湖的孤島有人自我流放。」而這些的不幸，「歷史管不著，何況只靠良心去平反／六四也難啊／何況。」曳然而止，正是絃外之音。詩人們的不幸和無奈：「交織成二千年時空／燎不盡／都化作歷史的沉澱／讓異代撈起／或蒸發成時代的彩虹。」詩人無奈的沉痛，強烈的感染着能體會他的讀者。

「三致屈原」，詩人又到了香港，那是交接的前夕，撫今追昔，感應也特別強烈：「為倒數二十天的回歸吶喊／東方之珠從皇冠摘下／投向亘古未見的制度／詩人啊／你可見它滾動的前路。」「你哀郢／誰哀香港／你問天／香港人問北京。」「你要招魂／龍舟鼓就響了二千年／誰向香港人招手／這裏有人滿之患／港澳關係條例有嚴密的規定。」詩人只用了最後兩句，像雷霆萬鈞，強烈抗議臺灣對香港人的涼薄。

詩人寫我國最熟悉的人物，似乎有心在現代詩領域中和古典詩較量一下，并有心為現代詩起示範作用，證明它對史對人也能像古典詩的吟咏。現代詩缺少這一方面的詩作，不是因題材或詩的形式，完全是現代詩的作者的學養和駕馭文字的能力。之遠兄詩集的作品，以豐富詩的言語，強烈的節奏感和鏗鏘的用字，開拓了現代詩的境界，真正打破古典詩拘於形式的束縛，上下古今串連在詩人變化萬端的彩筆上，達成「五四」新文化運動以來有望於新詩的發展，為能取代古典詩，像白話文取代文言文一樣。我說之遠兄為中國現代詩起示範作用在此。

王國維在「人間詞話」說：詩有我之境和無我之境之分。「采菊東籬下，悠然見南山。」乃無我之境。然誰「采菊東籬下」，誰又「悠然見南山」？顯然有人呼之欲出。然而，如果我們讀集中的梅、蘭、菊、竹。詩人雖然把植物人格化，但確實不是自然人，真正做到無我之景。中國現代詩似又較古典詩更能表現；之遠兄的詩也起了示範作用。至於有我之境，詩人幾可說是得心應手，上下古今，無處不在，他豐富的想像力和駕馭文字的能力，真令人嘆為觀止。

一般寫古典詩的詩人，他們轉到現代詩的領域來，往往無法突破舊的框框，露出「小腳放大」的痕迹。而於初期摸索的新詩或時下的現代詩的作者，每又以標奇立異，或刻意排斥（連古典詩中具有優良的特質）一切傳統詩的特性；而又缺乏對傳統詩的認識和學養，能力亦不足為詩人而結隊彼此呼應。他們的成見和作為，都把中國現代詩成長延遲和體質搞壞。之遠兄的詩作，高雅而意新，精煉而活潑。適時出版，有撥亂反正的動機。現代詩能很中國；為中國詩做了「繼往」；中國詩能很現代，為現代詩做了「開來」。上下一脈相承，繼古開今的詩人，其為之遠兄乎！

作者簡介

著者：許之遠
　　　台大法學士
　　　多倫多大學文學碩士
　　　美國世界藝術文化學院榮譽博士

曾任：立法委員
　　　僑委會顧問〔派駐香港〕
　　　教育部文藝創作獎評審委員
　　　世界新聞傳播學院副教授
　　　台灣大成報主筆

著作：「謣謣集」、「火花」〔文集〕
　　　「暗潮」、「唐人街外史」、
　　　「唐人街之變」〔小說〕
　　　「許之遠書畫冊」〔書畫集〕
　　　「許之遠詩詞集」〔初集、別集〕